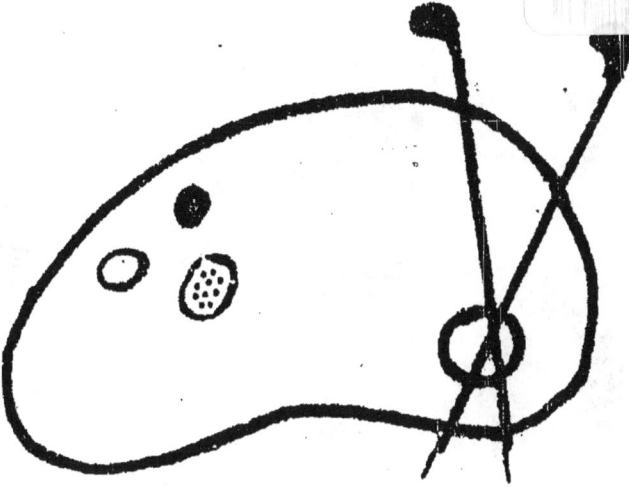

Couvertures supérieure et inférieure
en couleur

JULES FAVRE

JULES FAVRE

BIBLIOTHÈQUE D'ÉDUCATION NATIONALE

LES GRANDS FRANÇAIS

JULES FAVRE

PAR

EDMOND BENOIT-LÉVY

Avocat à la Cour de Paris

AVEC PORTRAIT, AUTOGRAPHE ET NEUF GRAVURES DANS LE TEXTE

PARIS

LIBRAIRIE PICARD-BERNHEIM & Cie

11, rue Soufflot, 11

Tout exemplaire non revêtu de notre signature sera réputé contrefait.

AUTOGRAPHE DE JULES FAVRE

Versailles ce 20 x bre 1879

Le succès est toujours la récompense de la persévérance et du mérite enrôlez ces deux collaborateurs et vous marchez d'un pas ferme au but que vous vous proposez d'atteindre. Votre vieux bâtonnier sera fier de vous, et sera le premier à vous encourager et à vous applaudir.

Recevez, mon bien cher confrère, l'assurance de mon affectueux dévouement

Jules Favre

JULES FAVRE

ules Favre (Gabriel-Claude) naquit à Lyon le 12 mars 1809.

Ses parents étaient d'excellentes gens, vivant de leur commerce de draperie ; ils possédaient une des plus importantes maisons de gros du pays et faisaient notamment beaucoup d'affaires avec l'Italie ; un comptoir qu'ils avaient établi à Livourne leur permettait l'écoulement dans la péninsule d'une grande quantité de produits.

Mais les événements de 1815 furent pour le commerce une cause de ruine, et la famille de Jules Favre éprouva de grandes pertes ; son père dut consacrer tout son temps à relever sa situation commerciale et confia à sa femme le soin de l'éducation du futur avocat ; lorsqu'il mourut, quelques années après, Jules Favre avait douze ans.

Jamais enfant n'eut mère plus vigilante et plus attentive ; elle devait communiquer à son fils ce caractère énergique, fier et fort dont elle était elle-même douée, cette sensibilité féminine qu'il posséda à un si haut degré, et cet amour de la vérité et de l'indépendance qui fut le guide même de sa vie.

Avant de le laisser aller en classe, elle lui faisait réciter ses leçons, elle relisait ses devoirs. Mais bientôt l'élève dépassa le maître, et il lui fallut alors apprendre, elle aussi, à lire le grec et le latin, afin de pouvoir continuer avec lui ces fructueuses répétitions. Rare dévouement, dont elle fut récompensée suffisamment quand elle vit son fils conquérir les premiers prix, puis, sorti de l'École, gagner une place brillante dans le barreau (1) de sa ville natale. On ne regrette pas ses efforts lorsqu'un tel succès les couronne !

(1) On appelle *barreau* la corporation des avocats d'une ville ; leur chef, élu par eux, s'appelle *Bâtonnier*.

Écolier réfléchi, appliqué, studieux, Jules Favre possédait une mémoire extraordinaire, et, longtemps après avoir quitté le lycée, il connaissait encore par cœur tous ces bons auteurs latins et grecs dont il s'était approprié le style et les pensées, comme une abeille compose son miel du suc de mille fleurs délicieuses.

Il n'aimait pas le jeu et restait à l'écart de toutes les récréations bruyantes; seul le désir de s'instruire l'animait, et ses heures de liberté étaient consacrées aux lectures les plus variées.

Son attitude toujours digne, son air sérieux, lui avaient valu le surnom de « Monsieur le Juge ».

Pourtant ce n'était pas les fonctions de magistrat qui l'attiraient; dès sa jeunesse, il avait dit : « Je serai un avocat célèbre. » Il s'en sentait le tempérament et dirigeait toutes ses pensées vers cette profession si belle, où l'homme peut déployer son talent et exercer ses qualités généreuses, en prêtant le concours de sa parole aux faibles et aux opprimés, en venant au secours des infortunes, et en revendiquant les droits de la pensée en faveur de ceux que veu-

lent faire taire les gouvernements qui ont peur
de la lumière.

On ne se figure pas quelles étaient sa puissance et sa volonté de travail. D'un naturel assez
dormeur, il aimait à rester tard au lit; cependant cette mollesse lui faisait perdre beaucoup
de temps, et il résolut de s'en défaire.

Sa mère lui avait donné un réveille-matin, dont
la sonnerie, très bruyante, durait dix minutes.
Au bout de quelques jours, il faisait ce que font
beaucoup de personnes : il se levait, arrêtait la
sonnerie qui l'avait réveillé à une heure mati-
nale, et revenait tranquillement se coucher.....
Désespéré de cette paresse, et pour la combattre victorieusement, il imagina de répandre du
sel de cuisine sur le plancher de sa chambre à
coucher, et, dès lors, la sensation qu'il éprou-
vait quand, allant arrêter son réveil, il posait
le pied sur les cristaux de sel, fut assez forte
pour le réveiller tout à fait et l'arracher à sa
trop douce somnolence.

Plus tard, étant venu à Paris faire son droit,
il veillait jusqu'à des heures très avancées de la
nuit; il avait adopté alors un système plus vio-

lent, pour ne pas se laisser endormir par le droit romain : il travaillait à genoux, et la douleur l'empêchait de succomber au sommeil.

Il avait tout combiné pour ne pas perdre une minute de son temps, qu'il économisait comme un avare son trésor. Prenant ses repas dans l'hôtel qu'il habitait, il ne descendait jamais que lorsque le déjeuner ou le dîner était commencé et remontait toujours au moment où l'on apportait le dessert. Il avait pris l'habitude de courir dans les rues, et il calculait que ces procédés fort simples lui faisaient gagner chaque jour plus de trois quarts d'heure. Le dimanche il écrivait une longue lettre à sa mère : c'était sa seule distraction.

Un travail aussi acharné, accompli par un jeune homme aussi intelligent, devait lui faire obtenir à l'Ecole de droit les mêmes succès qu'au lycée. D'ailleurs, non content de suivre les cours de Bugnet et de Royer-Collard, il lui fallait encore les leçons de la Sorbonne et du Collège de France. C'est alors qu'il suivit l'enseignement philosophique de Victor Cousin, pour lequel il professait une véritable admiration. — Comme les paroles de ce grand penseur devaient lui revenir à l'esprit le jour où, quarante années plus tard, il était nommé à l'Académie française, en remplacement de Victor Cousin, et prononçait l'Éloge public de son ancien maître!

En outre, Jules Favre se préparait résolument à la profession qu'il devait embrasser; il faisait partie d'une de ces conférences d'étudiants où l'on s'exerce à l'art difficile de la parole, en plaidant, devant des camarades, des questions de droit et de législation. Dans cette réunion, où les amis composent le tribunal, Jules Favre obtenait déjà de grands succès, et ses collègues devinaient en lui le grand orateur dont le nom est impérissable.

Jules Favre passa sa thèse de licence le 7 août 1830; quelques jours après, il retournait à Lyon et se faisait inscrire au barreau de cette ville.

Il ne fut pas longtemps sans clients; les nombreuses relations qu'il possédait dans la seconde ville de France lui amenèrent ses premières affaires. Dès ses débuts à la barre, il étonna ses auditeurs par sa plaidoirie séduisante, dont la forme était parfaite et dont l'argumentation était présentée d'une façon attrayante.

Au moment où Jules Favre entrait au barreau, un souffle libéral s'emparait de la France. Charles X, pour se venger des électeurs qui avaient nommé une Chambre opposée à son ministère, rendit des ordonnances qui suspendaient la liberté de la presse, limitaient les droits des électeurs et prononçaient la dissolution de la Chambre avant même sa convocation.

A la suite de ces ordonnances eut lieu un grand mouvement populaire qui renversa le roi et fit triompher la loi et le droit (27, 28 et 29 juillet 1830). Louis-Philippe succéda à Charles X, et son ministère, dont M. Guizot était président, débuta par des réformes libérales.

Malheureusement les ministères suivants ne tinrent pas les promesses faites, et l'on s'arrêta dans la voie du progrès.

Jules Favre, au cœur ardent et bon, fut désillusionné : les gouvernements changeaient, mais les institutions du pays restaient monarchiques, et l'on ne faisait rien pour le peuple qui souffrait tant! Devant le mauvais vouloir des uns et l'indifférence des autres, Jules Favre, qui aimait de toute son âme la profession à laquelle il allait consacrer son existence, résolut de s'y donner tout entier ; voici du reste, l'idée qu'il se faisait des professions en général :

« La profession, c'est le titre de noblesse de l'homme moderne ; c'est ce qui lui donne sa véritable importance ; c'est ce qui le sépare de la tourbe des fainéants et des inutiles qui n'ont jamais été, pour les nations, qu'un embarras et un danger. C'est ce qui lui permet de rendre des services, et je ne sache pas qu'il soit possible de résumer plus exactement la véritable source des joies humaines, auxquelles l'homme doit s'attacher. »

« Rendre service », tel est, en effet, le caractère de l'avocat, telle est surtout l'ambition de Jules Favre. Et il s'intéresse à ses clients, une fois qu'il a pris en main leur cause, comme s'il s'agissait de ses propres intérêts ; même après la plaidoirie, il ressent, comme le client, la tristesse d'un procès perdu ; de même, il est heureux s'il l'a gagné.

Cette ardeur à la lutte faillit lui coûter cher dès les premiers jours. Voici à quel propos.

Le 25 mars 1833, il plaidait devant la cour d'assises du Rhône pour le journal *le Précurseur*, prévenu d'excitation à la haine et au mépris du gouvernement. Il fit là une plaidoirie si remarquable, — et il avait vingt-quatre ans, — qu'en la comparant aux discours et défenses qu'il prononça vingt ans plus tard, on ne voit pas trace d'un grand progrès : il était un maître au moment même où il abordait la barre.

Le journal *le Précurseur* fut condamné, contre toute attente; dans son étonnement, Jules Favre riposta au jugement par un article très violent, pour lequel il fut poursuivi, à son tour, devant la cour royale de Lyon. Il présenta lui-même quelques observations, avant la remarquable plaidoirie que fit pour lui Mᵉ Sauzet, bâtonnier de l'ordre. Il fut acquitté parce qu'un vice de forme fit annuler l'assignation; mais le conseil de l'ordre le suspendit pour un mois, lui apprenant ainsi à accepter à l'avenir, avec tout le calme qui convient, les décisions, même bizarres, de la justice.

Il avait dit, dans sa défense personnelle :
« Notre profession serait une dérision indigne, si
l'intérêt que nos clients nous inspirent s'étei-
gnait avec une plaidoirie. » Il donnait ainsi à entendre que, quand il se chargeait d'une affaire,
il y mettait toute son âme.

Ce fut bientôt après, en octobre 1834, que le
jeune avocat prononça son premier plaidoyer
politique, dans une affaire qui passionnait le
pays tout entier.

Des ouvriers tisseurs de soie, désirant obtenir une augmentation de salaire, avaient formé
une association dans le but de vaincre par le
chômage la résistance des patrons, lesquels re-
fusaient de faire droit aux réclamations des travailleurs. Les *mutuellistes* (c'est ainsi que l'on
appela les grévistes) furent traduits en police
correctionnelle sous l'inculpation d'association
illicite.

La salle d'audience était trop petite pour con-
tenir la foule des intéressés ou des curieux. Devant un aussi nombreux public, disposé d'ailleurs à lui faire fête, et avec une cause comme
celle-là, Jules Favre devait « s'élever dans les

régions sublimes où les vastes problèmes sociaux sont tenus en réserve ».

Comme l'avocat des prévenus trouve des accents éloquents pour justifier ses clients! Et comme on sent le souffle de la liberté et du droit passer dans ces paroles vibrantes de foi et d'enthousiasme! D'ailleurs, le spectacle des misères qui s'étalaient dans cette grande cité lyonnaise était bien fait pour attrister et émouvoir.

La grande industrie prenait alors naissance; les machines les plus ingénieuses étaient inventées, et les ouvriers s'imaginaient à tort qu'ils ne trouveraient plus d'ouvrage, suppléés qu'ils seraient par le nouvel outillage.

La consommation devait augmenter dans la même proportion que la production; mais les ouvriers n'eurent pas tout d'abord la patience d'attendre.

Il faut bien dire aussi que les salaires ne permettaient pas même de vivre; les ouvriers ne possédaient pas encore les nombreuses institutions de prévoyance qu'ils ont aujourd'hui à leur service.

2

Trois de ses clients furent acquittés, six furent condamnés à une peine légère.

⋆

Nous laissons Jules Favre pendant quinze mois se retremper dans ses travaux quotidiens, et façonner son cœur et son esprit aux émotions de toutes sortes qui l'entourent. Nous allons le retrouver, en avril 1835, devant la cour des pairs, où un grand procès va être plaidé.

A cette époque, le jeune et déjà célèbre orateur a vingt-six ans.

Sa taille est haute, sa pose digne : son extérieur annonce un homme grave. Des cheveux noirs, rejetés en arrière, un peu en désordre, et dont les boucles soyeuses se mêlent dans un désordre gracieux, encadrent, avec un collier de barbe, une figure aux traits irréguliers, mais énergique, presque étrange, qui porte la trace de méditations précoces et d'une ardeur contenue. Le front est haut, large et ouvert. D'épais sourcils assombrissent les yeux, noirs et profonds, enveloppés dans un cercle bistré. L'expression

du regard est celle d'une douceur mélancolique
et vague qui laisse deviner tout un monde de
pensées intérieures ; mais on sent que, sous l'empire d'une passion violente, ils sont capables de
lancer des éclairs. Le nez est droit et un peu
court, légèrement dilaté, comme dans les sta-
tues grecques. Les lèvres débordent à la partie
inférieure, et déjà l'on peut apercevoir dans le
coin, à gauche, cette torsion involontaire qui
sera considérée plus tard comme le cachet de
l'ironie et du dédain.

La loi sur les associations avait brisé le lien
d'union entre les ouvriers et, leur interdisant
de se syndiquer pour la défense de leurs intérêts, les laissait sans force dans leurs justes réclamations contre les fabricants obstinés à main-
tenir le tarif de leurs journées au-dessous des
besoins des travailleurs.

Toutes les associations de Lyon, à l'exemple
de celles des autres villes, protestèrent contre
l'abus que le gouvernement faisait de son pouvoir. Elles se coalisèrent pour résister aux or-
dres royaux. Calmes et pacifiques d'abord, les
ouvriers, provoqués par l'autorité, se laissèrent

aller à quelques voies de fait : alors commença
à Lyon une véritable guerre civile.

Beaucoup de « mutuellistes » et de membres de
de la société les « Droits de l'Homme » furent
arrêtés comme instigateurs de l'émeute et comme

Les associations de Lyon protestèrent.

affiliés à un complot contre la sûreté de l'Etat.

Les accusés lyonnais firent encore une fois ap-
pel au dévouement de Jules Favre : et c'est
ainsi qu'on vit ce jeune homme de vingt-six ans
assis à la barre à côté des hommes les plus con-

nus de l'époque, soit dans la politique, soit dans le barreau.

Le gouvernement avait eu besoin d'un complot pour expliquer et motiver les mesures réactionnaires et sanglantes dont il avait pris l'initiative; il en avait donc inventé un : restait à trouver des juges.

La Chambre des pairs, corps purement politique et naturellement serviteur du pouvoir, fut érigée en tribunal sous le nom, qui ne changeait rien à la chose, de cour des pairs.

Dès le début de l'affaire, un incident se produit.

A une juridiction politique, quelques-uns des accusés veulent opposer des défenseurs politiques, comme Armand Carrel, Lamennais, Carnot, Cormenin; la cour des pairs refuse de leur accorder la parole, et, par un premier arrêt, ordonne que nul ne pourra plaider s'il n'est inscrit au barreau.

Cette mesure est accueillie par les protestations unanimes des accusés; le désaccord s'introduit parmi eux; les uns ne veulent pas assister à l'audience, les autres ne veulent pas être

défendus; d'autres enfin acceptent le débat tel
qu'il leur est imposé.

Parmi les avocats, l'entente ne se fait pas non
plus; ils sont d'avis en grande majorité de s'abs-
tenir de paraître à la barre d'un pareil tribunal.

Jules Favre pense, lui, que ce n'est pas le
moment de faire de la dignité inutile, et que
c'est un devoir sacré que de ne pas laisser sans
assistance les accusés qui réclament son concours. Il reste à la barre de la haute assemblée,
et, surmontant son émotion, dominant ses ap-
préhensions, il se prépare à supporter seul l'ef-
fort de l'accusation et le poids du procès. Jamais
il n'aura donné une plus grande preuve d'indépendance, jamais il n'aura autant sacrifié à cet
esprit de dévouement qui, pour lui, est le fond
même de la profession qu'il a embrassée.

S'il avait, comme ses confrères, écouté ses pré-
férences politiques, il eût, lui aussi, répondu à
l'arrêt inqualifiable de la cour par cette protes-
tation qui obtint un grand retentissement et qui
consistait à ne pas plaider devant de pareils juges; mais il ne fallait pas, selon lui, que la barre
demeurât déserte à une heure aussi grave, et il

assuma cette cause, dont le fardeau en eût écrasé de plus expérimentés.

Une lettre qu'il écrivait à sa mère, le 5 juillet 1835, nous fait connaître les fatigues surhumaines qu'il endura et les difficultés de tous genres qu'il surmonta.

Voici quelques passages de cette lettre :

« Seul contre le ministère public, contre l'assemblée entière qui accueille chacune de mes paroles par des murmures, quelquefois par d'indécentes interpellations, j'oublie beaucoup de choses et je ne puis remplir dignement le pénible rôle dont je suis chargé...

« J'ai eu par un pair des détails secrets sur les dispositions de ces messieurs : elles sont épouvantables. Ils me traitent publiquement de misérable et je serais peu surpris de me voir insulté à l'audience, ce que, je vous assure, je ne souffrirai pas...

« Croyez qu'il faut quelque puissance pour conserver en face de ces hommes, en face de la cour qui gronde perpétuellement, du parquet qui injurie avec mauvaise foi, la modération dont je ne me suis pas encore, je pense, départi... »

L'heure est venue de plaider; il parla deux jours durant, les 17 et 18 juillet.

Dès le début, il se montre ferme et décidé à toutes les franchises, à dire toute sa pensée.

« Vous êtes un corps politique, dit-il aux membres de la Chambre, vous n'êtes pas un tribunal. Chez un corps politique, il peut y avoir la loi de la nécessité ou celle de la générosité, mais il ne saurait y avoir de justice... »

Et c'est alors par une plaidoirie toute politique que débute l'avocat; le défenseur des accusés se fait accusateur; il reproche au gouvernement de n'avoir pas su remplir ses obligations.....
« Ce n'est pas impunément, s'écrie-t-il, que l'on monte sur le trône à travers les fumées du triomphe populaire. Il faut alors se découvrir humblement devant la masse d'Hercule, et l'on est mal venu à vouloir la briser lorsqu'elle se retourne contre vous.....

« Il faut le dire nettement, après la révolution de Juillet, le peuple a été sous l'empire de deux illusions qui ont pu être funestes à sa tranquillité. D'abord il a cru que le pouvoir nouveau s'occuperait exclusivement de ses intérêts.

Il a pensé que, dans le cas où il serait trompé, il aurait encore la ressource de recourir à la force pour reconquérir ses droits illégitimement froissés. »

Et, après avoir développé cette pensée dans un langage admirable, après avoir fait comprendre que le gouvernement n'a rien voulu prévoir, et qu'au contraire il a provoqué, il termine cette première partie de son plaidoyer en s'adressant ainsi au ministère public :

« Vous avez fait votre réquisitoire, voilà le mien : ils resteront tous deux affichés à la porte de ce palais, et nous verrons lequel durera davantage, lequel la France lira avec le plus d'indignation ! »

Pendant cette superbe apostrophe, le plus profond silence régnait dans l'assemblée et permettait aux pairs immobiles et confondus d'entendre toutes les paroles de l'orateur exténué de fatigue.

Le 22 juillet, Jules Favre présenta la défense particulière des accusés. C'est en plaidant pour Carrier qu'il eut un mouvement resté fameux, lorsque, reprochant au ministère public de faire

aux accusés un crime de leurs opinions politiques, il s'écria : « JE SUIS RÉPUBLICAIN! L'opinion
est notre patrimoine, et M. l'avocat général n'a
pas le droit de la sonder! »

Ces mots : « Je suis républicain, » durent pro-
duire un effet assez grand sur les membres de la
cour des pairs, à une époque où l'on n'était pas
encore habitué à la liberté absolue de la parole.

Jules Favre sortit de la cour des pairs brisé
d'émotions et de fatigues, le cerveau en proie à
une fièvre intense qui lui enleva l'ouïe de l'o-
reille droite.

Le procès fini, il n'abandonna pas ses clients;
il leur fit une visite dans la prison de Clairvaux,
où ils étaient détenus.

Jules Favre a raconté dans une lettre son
voyage à Clairvaux, ses démarches inutiles pour
descendre dans les cachots, ses sollicitations près
du ministère; il révèle, là encore, quel est son
dévouement, quelle est la compassion dont il
est rempli, et combien il est indigné de l'arbitraire du pouvoir!

*
* *

Après le procès d'avril, Jules Favre se dé-
termina à rester à Paris; il demanda et obtint
son inscription au barreau de la cour de Paris,
et entra dans cet ordre qui devait un jour le
désigner pour son chef.

Après ces débuts éclatants, il ne lui restait
plus qu'à attendre que la fortune vînt le favoriser
en lui envoyant des clients. Notre futur bâtonnier attendit, paraît-il, assez longtemps; il fit
ce stage que tout jeune avocat est appelé à su-
bir, celui où l'on s'étudie principalement à la
patience. Il est vrai que presque toujours ceux
qui ont fait « contre mauvaise fortune bon cœur »
se trouvent récompensés amplement de leur
persévérance.

A ce moment, toutefois, ce ne sont pas les
procès de presse qui chôment. La monarchie de
Juillet, qui avait eu à son début de vagues al-
lures de libéralisme, se tourne franchement vers
la réaction; le gouvernement entame contre

l'opinion une véritable campagne, — or, jamais,
ce n'est au gouvernement que ces persécutions-
là profitent : elles ne font que précipiter un
changement de régime.

Aussi, en défendant M. Duchêne, en 1836, devant le tribunal correctionnel de Chalon-sur-
Saône, Jules Favre ne déguise pas aux juges sa
façon de penser :

« Je n'ai jamais plaidé une affaire de presse
sans être agité d'un sentiment d'involontaire
tristesse. Lors, en effet, que je comparais la sé-
vérité des réquisitoires du parquet à l'équivoque
arbitraire du délit et surtout au jugement qu'en
porte la conscience publique, j'étais invincible-
ment conduit à conclure que de telles poursuites
n'ont rien de commun avec les idées éternelles
d'ordre et de justice, et qu'elles cachent toujours un intérêt gouvernemental, admis ainsi
furtivement à forcer le prétoire, où, cependant,
il ne peut descendre sans insulter à l'indépendance de la magistrature et sans profaner la
sainteté de ses délibérations. »

Quelques mois plus tard, il défend le Na-
tional, dont le rédacteur en chef, Armand

Carrel, vient de mourir. Jules Favre fait comprendre dans sa plaidoirie comment les gouvernements peuvent à leur gré qualifier d' « atteinte
à la morale » un article de journal qui leur dé-
plaît, car la morale, pour un gouvernement mo-
narchique, c'est de ne pas le combattre. Il faut
effrayer ceux qui ont des vues contraires au
pouvoir et seraient tentés de les exprimer trop
haut.

Quelle verve et quelle finesse ! On sent que
la parole du jeune avocat se dégage de cette
lourdeur, de cette raideur qui l'embarrassaient
un peu, qu'elle se perfectionne, qu'elle devient
plus alerte. Effet d'un travail continu, joint à un
talent naturel considérable.

Les revendications de Jules Favre n'avaient
pas peu contribué à la révolution de 1848. Sa
place était désignée dans les conseils du gouvernement nouveau.

Nommé d'abord secrétaire général au ministère des Affaires étrangères, il abandonna ce
poste pour celui de sous-secrétaire d'État au
ministère de l'Intérieur. Nommé à l'Assemblée
par le département de la Loire, il délaisse bien-

tôt le pouvoir pour prendre une part active aux
délibérations parlementaires.

Survint le 2 décembre. La France fut, en une
nuit, bâillonnée pour dix-huit ans. L'empire re-

Mort de Baudin pendant les événements de décembre.

naissait; à défaut de gloire personnelle, Napoléon III usurpait le pouvoir, comptant sur
l'auréole qui entourait encore le nom illustre de
Napoléon Ier.

On sait quel fut l'attentat du prince Napoléon; on n'ignore pas non plus la conduite noble

et héroïque des membres républicains de l'Assemblée.

Les chefs du guet-apens avaient oublié d'arrêter Victor Hugo, Jules Favre, Michel (de
Bourges), pensant probablement que c'était là
des hommes de tribune et non des hommes d'action. Ce furent eux, au contraire, qui organisè-
rent un comité de résistance.

*
* *

Une fois le coup d'État consommé, Jules Favre
comprit son devoir d'une toute autre façon que
Victor Hugo.

Celui-ci partit pour l'exil, ne voulant pas
rester sur la terre de France tant que le pays
aurait à sa tête un Louis Bonaparte. Victor Hugo
contribua à l'écroulement de Napoléon III par
des livres superbes, immortels, et qui avaient
un retentissement immense : *les Châtiments,
Napoléon le Petit* — mais il y contribua de
loin.

Jules Favre resta au centre de l'action. Son
dévouement grandit avec les circonstances; son

esprit de sacrifice le porta à affronter de près
les périls de la situation. Ce fut à Paris qu'il de-
meura, réchauffant par son exemple ce qui restait encore de cœurs honnêtes et patriotes, et
faisant entendre aussi souvent que possible la
voix de la justice, que le souverain avait odieu-
sement violée et bannie.

Étouffées partout, les revendications du droit
pouvaient encore s'élever dans le prétoire de la
justice. Indirectement, l'avocat put livrer des
assauts répétés et retentissants à un pouvoir
détesté. Il mérita un jour cette interruption du
bonapartiste Zangiacomi, un président à la dé-
votion du maître : « Vous ne respectez donc
rien, Mᵉ Jules Favre? Je vous rappelle à la modération. »

L'une des premières occasions où il put dire
son fait au gouvernement de Décembre fut le
procès d'un jeune Roumain, nommé Bratiano,
prévenu du délit de société secrète et d'imprimerie clandestine. C'est l'affaire désignée sous
le nom de « Complot de l'Hippodrome ».

Voici comment Jules Favre termina sa plaidoirie :

« Si vous frappiez les prévenus, ce serait certainement pour les punir de leurs antécédents, de leurs espérances, de leurs affections, et non parce que ce sont des prévenus convaincus d'un délit imaginaire.

« Je vous demande avec instance de ne pas user ainsi des redoutables pouvoirs dont vous êtes dépositaires. Je le sais, la vie des peuples, comme celle des hommes, a ses heures mauvaises, *où le devoir est difficile.* Ébranlées par des secousses multipliées, profondes, les âmes s'énervent; les courages s'amollissent, les esprits se troublent. *L'idée du droit disparaît* dans les luttes, les contradictions et *les coups de fortune imprévus qui renversent et déplacent les hommes.* Les lois elles-mêmes, nées de ces orages, empruntent à leur origine je ne sais quel caractère exceptionnel et violent qui rend leur application inflexible. Alors, aux règles éternelles sont substituées des considérations de salut public et des expédients politiques. Qui arrêtera de tels entraînements? Qui sevrera la société de ces dangereux remèdes qui tuent en elle les germes de vie, sous prétexte de guérir ses plaies? Qui

mettra dans la balance l'équité et la raison pour
faire le contrepoids à l'épée qui pèse si lourde-
ment sur l'autre plateau ?... »

Et Jules Favre termine cette harangue, où le
style est si pur, où la prudence s'allie si bien à
l'audace, que le magistrat est forcé d'écouter !
Quel dédain pour ce gouvernement, et pour ces
magistrats, qui le servent, au lieu d'administrer
impartialement la justice ! Quelle ironie, quelles
accusations ! De telles paroles enflammaient le
jeune barreau qui entourait l'orateur, et lui in-
spiraient l'amour de la liberté.

En 1857, il dénonce avec une rare vigueur,
dans le procès Migeon, les manœuvres de la
candidature officielle.

Dans la même année, il plaide pour les co-
accusés du capitaine Doineau, devant la cour
d'assises d'Oran ; c'est une affaire qui dure dix-
sept audiences et qui a un retentissement considérable.

Doineau est chef du bureau arabe de Tlemcen ;
son autorité est sans bornes, son commande-
ment sans contrôle. Il est accusé d'avoir inspiré
le meurtre d'un agha.

Jules Favre généralise la cause, et, dans sa péroraison, il jette un coup d'œil sur l'avenir : « Il est temps que la France se manifeste en Algérie par d'autres révélations que par le fer et par le feu. Le sang de l'agha n'aura pas été versé en vain. L'aurore d'un jour nouveau se lève, et dans cette aube rayonnante, je vois poindre l'image de la loi venant se substituer à l'arbitraire. A la force succédera le règne des règles écrites et du droit. »

Comme le dit très bien M. Daguilhon-Pujol, dans l'éloge de Jules Favre qu'il a prononcé en 1882 à la Conférence des avocats, le procès Doineau a eu sa part d'influence dans la transformation qu'a éprouvée plus tard le régime de l'Algérie. On y voit la première manifestation importante de cette lutte entre l'élément civil et l'élément militaire qui agita notre grande colonie pendant de longues années. Les chefs militaires sont, en effet, disposés à traiter en pays conquis le territoire dû à leurs victoires ; ils veulent être les maîtres et exigent une soumission complète.

Une administration civile est, au contraire,

plus apte à coloniser, à amener les habitants à
aimer la France, par la douceur du régime qu'on
leur impose, en important la civilisation dans
des pays où l'on pourra développer l'agriculture, l'industrie et surtout l'instruction.

Jules Favre contribue puissamment à la réor-
ganisation de l'Algérie ; il n'admet pas l'administration militaire, et l'armée, selon lui, ne doit
pas sortir de son rôle de défenseur de la patrie
et de la loi.

Quand plus tard, à la Chambre des députés,
on agita la question du gouvernement civil de
l'Algérie, Jules Favre prit une grande part à la
discussion et contribua au succès des idées ré-
formatrices.

Le retentissement du procès d'Oran fut immense, nous l'avons dit ; le nom de l'avocat devint
immédiatement populaire en Algérie. Partout on
l'acclame, on vient le saluer sur son chemin et
lui rendre hommage.

Jules Favre racontait avec plaisir que Nogent-
Saint-Laurens, avocat de Doineau, participait
à ce voyage et assistait à ces ovations faites pour
ainsi dire à son adversaire. « Tels ces captifs

que les vainqueurs romains traînaient après leurs
chars dans les honneurs du triomphe. »

*
* *

Ce fut en 1858 que Jules Favre remporta son
plus beau succès. Il plaida pour Orsini, se sur-

L'attentat d'Orsini.

passant lui-même et laissant après lui un modèle
impérissable d'éloquence judiciaire.

Ce que fut l'attentat d'Orsini et l'impression qu'il produisit, un ancien bâtonnier de l'ordre, Bethmont, le décrivait ainsi dans une lettre à son fils :

« J'ai assisté aux interrogatoires dans l'affaire de l'attentat; je ne peux méconnaître qu'Orsini semble avoir eu pour mobile unique l'amour de sa patrie. Mais que de hasards dans ce qu'il espère ! Que d'horreurs dans tout ce qu'il ose! Lui seul, il juge, il exécute l'empereur. Dans l'exécution, il s'adjoint des hommes presque inconnus de lui; il se les associe; il les sacrifie comme il se sacrifie lui-même. Il ne tient aucun compte des existences immolées nécessairement par l'emploi de ses machines meurtrières... Quand je médite sur ces aberrations prodigieuses de l'esprit humain, je suis confondu de tout ce que j'y trouve de désordre, de folie, d'orgueil, de mépris pour l'humanité ! »

Le président de la cour d'assises qui jugea Orsini était Delangle; le procureur général était Chaix-d'Est-Ange; avec Jules Favre, voilà trois noms que le barreau citera toujours avec orgueil et que la même affaire réunissait.

Dès le début de la plaidoirie, Jules Favre rappelle qu'il conserve « au fond de son cœur, avec une fierté jalouse, le dépôt sacré de ses sentiments et de ses croyances », — mais il proclame aussi que « leur symbole n'a jamais été le glaive ni le poignard ».

« Je suis de ceux qui détestent la violence, qui condamnent la force toutes les fois qu'elle n'est pas au service du droit. Je crois qu'une nation se régénère par les mœurs et non par le sang. Si elle était assez malheureuse pour tomber sous le joug d'un despote, ce n'est pas le fer d'un assassin qui briserait sa chaîne. Les gouvernements périssent par leurs propres fautes, et Dieu, qui compte leurs heures dans les secrets de sa sagesse, sait préparer à ceux qui méconnaissent ses éternelles lois des catastrophes imprévues bien autrement terribles que l'explosion d'une machine de mort imaginée par des conspirateurs ! »

Comme orateur, il s'élevait aussi haut que Bossuet; — comme homme politique, il prévoyait l'avenir et le faisait toucher du doigt à ceux, amis ou adversaires, qui l'écoutaient.

Comme Bossuet, il prononce presque l'éloge funèbre de son client que rien, il le sent bien, ne pourra sauver. Mais, du moins, il le *glorifie,* — il ne veut pas qu'on l'assimile à un criminel vulgaire.

« Un aussi grand crime ne pouvait avoir pour mobile ni la convoitise, ni la haine, ni l'ambition. La cause d'un pareil attentat devait se trouver dans l'égarement d'un patriotisme ardent, dans l'aspiration fiévreuse à l'indépendance de la patrie, qui est le rêve de toutes les nobles âmes.

« J'ai dit à Orsini : Je condamne votre forfait ; je le proclamerai bien haut ; mais votre malheur me touche, votre constance à combattre les ennemis de votre pays, cette lutte acharnée par vous entreprise, ce sacrifice de votre vie, je les comprends, ils vont à mon cœur... »

Ainsi, dit M. Daguilhon-Pujol, il s'appliquait moins à défendre la vie d'Orsini devant ses juges qu'à défendre sa mémoire devant la postérité !

Ce plaidoyer est simple et grand ; il porte comme un voile de deuil.

Deux ans après, l'avocat d'Orsini était élu bâtonnier de l'Ordre des avocats de Paris.

Le 3 décembre 1860, il ouvrait la Conférence des avocats par un discours où respire surtout et toujours le culte de sa profession, dont les vertus, pour lui, se résument en trois : amour du travail, respect du vrai et du beau, désintéressement.

On sait ce qu'est la Conférence des avocats : c'est la réunion des jeunes avocats, — les stagiaires, — qui, sous la présidence du bâtonnier, s'exercent à la parole et se disputent certaines récompenses honorifiques.

Le bâtonnier de 1860 était heureux de se trouver parmi cette jeunesse d'élite qui lui rappelait ses chères études. Quels conseils paternels il donne à ses jeunes confrères, comme il leur inculque l'estime de cette belle carrière et le désir d'y briller !

Parmi les *jeunes* dont il eut à diriger les premiers succès, beaucoup sont devenus célèbres ; citons, entre autres, MM^{es} Barboux, Pouillet, Léon Renault, Albert Martin, Decrais, d'autres encore, parmi lesquels Gambetta.

Il se plaisait à rappeler une apostrophe échappée à son stagiaire Gambetta, dans une discus-

sion juridique avec Decrais; cela se passait à la
Conférence des avocats.

Léon Gambetta,
Né à Cahors le 3 avril 1838, mort le 31 décembre 1882.

Decrais, orateur élégant, esprit fin et délicat,
voulant mettre l'auditoire en garde contre les

séductions du langage de son adversaire, s'était avisé de le comparer à la sirène dont les charmes faillirent causer la perte des compagnons d'Ulysse. Gambetta se lève alors, et, désignant son ingénieux contradicteur par un de ces gestes qui font partie de la verve méridionale et qui lui étaient familiers, il s'écrie : « La sirène, Messieurs, la voilà! »

Il paraît que ce fut d'un effet irrésistible.

Dix ans plus tard, Gambetta était le collègue, au gouvernement, de son ancien bâtonnier; — Decrais est aujourd'hui ambassadeur de la République.

*
* *

Ces encouragements qu'il répandait autour de lui sur les jeunes gens qui venaient lui demander conseil, il les prodigua jusque dans les dernières années de sa vie. C'est ainsi qu'en 1880, lorsque nous fondâmes *le Palais*, qui devait être une revue consacrée aux jeunes avocats, il nous écrivit ces quelques mots, d'une main encore ferme, d'un cœur toujours aimable :

« Le succès est toujours la récompense de la persévérance et du mérite; enrôlez ces deux collaborateurs, et vous marcherez d'un pas ferme au but que vous vous proposez d'atteindre. Votre vieux bâtonnier sera fier de vous et sera le premier à vous encourager et à vous applaudir... »

Et quelle noble idée Jules Favre se faisait de l'éloquence judiciaire!

Lisez ces quelques lignes, extraites de son discours de bâtonnat de 1860 :

« L'orateur ne doit pas se contenter d'instruire, de persuader, de charmer ceux qui l'écoutent; l'admiration dont les murmures mal contenus l'enivrent ne saurait être sa plus belle récompense : c'est à réaliser le type idéal du vrai et du beau mis en germe dans son sein que doit s'épuiser tout son être! Noble et vaillant labeur qui élève la créature bornée aux limites mêmes des régions infinies où sa nature se transforme; puissantes et fécondes méditations dans lesquelles, poursuivant avec une ardeur infatigable le rêve qu'elle entrevoit malgré sa faiblesse, la pensée s'agrandit et s'échauffe, et comble l'âme de joies presque célestes! Voluptés ineffables! dont nulle langue humaine ne saurait peindre la force et la douceur, car elles sont la plus haute expression du pouvoir de notre essence immatérielle...

« Comment renoncerait-on au secours décisif qu'apportent, à celui qui est chargé de persuader, la pureté du langage, la grâce du tour, la noblesse de l'expression, la vivacité du trait, l'éclat des images, le rapprochement ingénieux des aperçus?... »

Jules Favre préconise donc la forme dans le discours; autant il est nécessaire de fuir l'enflure et le mauvais goût, autant il faut s'attacher à l'élégance et à la distinction. « Il ne faut pas laisser se dégrader et se fausser entre nos mains cette belle langue française, la langue de Descartes, de Bossuet, de Pascal, de Racine, de Molière, de Voltaire. »

Jules Favre avait le droit de donner ces hautes leçons, de dicter ces règles sévères, inspirées par le goût, par le respect de l'auditoire, par le désir de persuader; car, plus que tout autre, il s'y était *asservi* lui-même, il s'y était *plié*.

Jamais il n'arrivait à la barre sans connaître

à fond son dossier. Sa plaidoirie était prête ; le plus souvent elle était écrite.

Toutefois sa mémoire était telle qu'il avait rarement besoin de consulter ses notes ; il évitait ainsi l'écueil redoutable qui consiste à lire une plaidoirie faite à l'avance.

D'ailleurs, une fois maître de son sujet et de son langage, il n'avait aucune surprise à redouter ; il ajoutait ou retranchait à la plaidoirie, tout en plaidant. Et ceux qui prétendent qu'il écrivait tout ce qu'il disait, qu'il ne pouvait pas improviser, ne l'ont jamais entendu à la réplique !

Le travail auquel il s'était si longtemps façonné faisait qu'il improvisait avec une abondance et une perfection que personne depuis n'a pu atteindre !....

Comme bâtonnier, Jules Favre eut une grande joie : celle de présider la fête qui fut offerte à Berryer, le 26 décembre 1861, par le barreau français, à l'occasion du cinquantième anniversaire de son inscription au tableau des avocats à la cour de Paris. Quelle réunion que celle-là, où se trouvaient face à face le grand maître de l'époque et celui qui avait hérité de sa puissance, qui l'avait égalé, sinon surpassé!

Quel toast le bâtonnier actuel porte à son prédécesseur! Comme il salue avec fierté et bonheur « le vétéran du droit et de la défense, celui qui a jeté sur la robe le double éclat de son génie oratoire et de sa mâle indépendance! »

Jules Favre plaidant dans le procès des Treize.

Le 5 août 1864, Berryer devait retourner à Jules Favre les hommages qu'il en avait reçus.

dans la solennité dont nous venons de parler ; il devait consacrer en termes admirables le talent de celui dont nous racontons rapidement la vie.

C'était l'affaire des Treize.

Les treize prévenus étaient : MM. Garnier-Pagès, Hérold, Carnot, Jules Ferry, Clamageran, Dréo, Floquet, Durier, Corbon, Jozon, Hérisson, Melsheim et Borie.

Ils étaient défendus par MM^{es} Jules Favre, Marie, Grévy, Ernest Picard, Henri Didier, Berryer, Dufaure, Senard, Arago, Hébert et Desmarets.

Jamais un procès ne réunit autant de noms illustres.

Quelle plaidoirie superbe Jules Favre prononça là ! Quel éclat elle ajouta encore à son nom !

Il faut lire au moins cette péroraison, qui, malgré le lieu où elle fut prononcée, provoqua les applaudissements, et que tout homme épris du beau devrait savoir par cœur :

« Si un pareil résultat était consacré, — dit-il en se révoltant contre l'idée d'une condamnation, — c'en serait fait à jamais du suffrage uni-

versel; il faudrait jeter un voile sur notre pays,
qui ne serait plus qu'une terre d'embûches et
de surprises. Il resterait, cela est vrai, vos dé-
clarations pompeuses; mais, devant les faits, elles
ne seraient plus que de détestables mensonges.
J'espère qu'il n'en sera pas ainsi, et quand je
vois, à côté de moi, tous ceux qui m'entourent
et me fortifient; quand je songe que lorsque ma
voix ne se fera plus entendre, elle sera rem-
placée par celle de mes maîtres; quand je vois·
Berryer, mon vieil ami, qui n'a pas été seulement le plus grand des orateurs, mais aussi le
plus noble cœur et l'amant passionné et persé-
vérant de la liberté, qui couronne son illustre
vieillesse; quand je vois Marie, qui a servi son
pays avec la pureté et le désintéressement que
tout le monde a admirés; et Senard, le coura-
geux président de l'Assemblée nationale, qui a
opposé sa poitrine aux coups des agitateurs; et
ces ministres de l'ancienne monarchie, M. Dufaure, M. Hébert, qui ont cherché dans la
mesure de leurs forces si puissantes à faire triompher les principes qui sont aujourd'hui obscurcis
et niés; et toute cette jeune génération qui me

4

presse, qui est mon espérance, qui est mon amour, ah! je ne dis pas seulement que cette cause triomphera (ce n'est là qu'un bien petit accident dans notre vie politique), je dis que la liberté est impérissable : elle a de trop illustres champions, de trop nobles défenseurs, et nous pouvons considérer d'un œil serein le nuage qui passe,... le soleil n'en sera pas obscurci! »

Ces dernières paroles sont suivies de transports enthousiastes; on entoure le défenseur, on lui presse les mains. Et de fait, même à la lecture, cette péroraison vous fait bondir le cœur, vous étreint par l'admiration !

L'audience fut suspendue un quart d'heure.

A la reprise, Mᵉ Berryer se leva et prit la parole au nom de tous les défenseurs pour dire qu'après les admirables paroles de Jules Favre il n'y avait plus rien à ajouter...

En une autre circonstance, Crémieux avait dit, lui aussi : « Je dois plaider, j'écoute encore... » C'est tout aussi beau ; mais Crémieux plaida, — tandis que personne ne prit la parole après Jules Favre.

L'homme qui s'attaquait si vigoureusement au régime despotique du conspirateur de Strasbourg ne devait pas, on le pense, rester étranger à la politique.

Il entra en 1858 à la Chambre des députés; il n'y avait que cinq républicains, lui compris; il

La Chambre des Députés.

en fut le chef. Ce petit « groupe des cinq » (le nom en restera historique) fut comme la tache d'huile, il alla en grandissant; un jour devait venir où la majorité du Parlement serait dévouée à la République. Juste retour des choses, qui devait donner raison aux prophéties de Jules Favre.

Un nouvel honneur était réservé au grand orateur : l'Académie française l'appela à succéder à Victor Cousin. Il devait occuper le fauteuil de celui dont il avait tant admiré les leçons.

La réception de Jules Favre à l'Académie eut lieu le 23 avril 1868; ses parrains étaient Thiers et Berryer; ce fut M. de Rémusat qui lui répondit.

Berryer et Jules Favre, deux avocats à l'Académie, en même temps! quel honneur pour le barreau! L'Académie française est devenue plus parcimonieuse depuis ce temps, — ce n'est pas que le mérite soit plus rare.

Selon l'usage, Jules Favre prononça l'éloge de son prédécesseur.

Il ne pouvait oublier, dans son discours, ceux au milieu desquels il avait passé ses meilleurs instants :

« Je ne puis m'empêcher, dit-il, de faire remonter l'honneur que je reçois à sa source véritable, à ce barreau qui m'est si cher, au sein duquel s'est écoulée ma vie, au milieu de rudes labeurs et de douces affections. Il a été l'école de ma jeunesse, le soutien de mon âge mûr; il sera la dignité des jours qui me restent encore. L'indépendance, le désintéressement, le courage civil sont ses règles élémentaires. J'ai essayé de n'y pas être infidèle, et, sur un autre théâtre, je n'ai eu qu'à m'en souvenir pour faire mon devoir. Je lui ai donné mon cœur, il m'a rendu d'inestimables amitiés, des guides indulgents et sûrs. »

Victor Cousin était spiritualiste; il croyait fermement en Dieu, mais il ne pensait pas qu'un rapprochement fût impossible entre le christianisme et la philosophie. Jules Favre fit une profession de foi spiritualiste, qui ne manquait pas de courage à un moment où le matérialisme commençait à s'implanter dans les esprits, et qui, en tout cas, est un superbe morceau d'éloquence.

A cette époque, Jules Favre est au sommet de la gloire et de la popularité; partout on ne prononce son nom qu'avec admiration et respect.

Au barreau, il occupe la première place. Au Corps législatif, il est le chef de l'opposition. — L'homme de lettres est fêté à l'Académie et dans les trop rares conférences qu'il accepte de faire.

Le succès allait bientôt couronner sa carrière politique, puisque ses opinions devaient prévaloir et prendre racine dans la nation française : il assista au triomphe de la démocratie, à l'avène-

Jules Favre et Bismarck à Ferrières.

ment du peuple au pouvoir, à l'anéantissement spontané et instantané du gouvernement impérial.

Et c'est de cette époque, pourtant, que datent pour Jules Favre les instants de tristesse et d'amertume.

La guerre de 1870 a éclaté; le gouvernement de la Défense nationale devient dépositaire de l'honneur du pays.

Jules Favre est ministre des Affaires étrangères; il tente auprès de l'envahisseur une démarche inutile, à Ferrières. C'est toujours lui qui se sacrifie aux tâches difficiles, à celles dont l'accomplissement rend impopulaire. C'est lui qui avait, dans une superbe apostrophe, dit que la France ne céderait ni une pierre de ses forteresses ni un pouce de son territoire, et c'est lui qui devait signer le traité de paix!

C'est lui qui assume toutes les colères de la foule! Il quitte le pouvoir le 22 juillet 1871, ayant rendu à son pays des services qui n'ont été appréciés que plus tard.

On parlait un jour, devant Thiers, d'un roman de Cooper, où un officier envoyé en espion, pris par l'ennemi, condamné comme voleur, meurt sans vouloir dire qui il est et sans chercher à sauver sa mémoire. M. Thiers déclara qu'une telle abnégation eût été au-dessus de son courage et qu'il ne connaissait pas d'homme capable d'un pareil acte de patriotisme. Puis, après un instant de réflexion, il ajouta : « Je me trompe; j'en connais un : c'est Jules Favre. »

Adolphe Thiers.
Né à Marseille le 16 avril 1797, mort à Paris le 3 septembre 1877.

De son côté, M. Jules Simon, dans son *Histoire du gouvernement de la Défense nationale*, dit « qu'il a fallu moins de courage pour soutenir la lutte pendant cinq mois que pour discuter avec l'ennemi les conditions de la paix quand on eut épuisé toutes les ressources.

« Au début de la lutte, il a voulu ce que tout le monde en France voulait comme lui ; au moment de la catastrophe, il a fait ce que tout le monde a souhaité qu'il fît, et ce que bien peu de personnes assurément auraient eu le courage de faire. »

De pareils témoignages valent mieux que les plus grands éloges.

Du pouvoir, Jules Favre n'a donc connu que les déboires. Il le pressentait, croirait-on, lorsqu'il disait à Berryer, à son cinquantenaire, « que la fortune, par une rare faveur, l'avait toujours éloigné du pouvoir ».

Il est vrai que Jules Favre n'avait pas les qualités indispensables à l'homme politique : il faut avoir l'âme bronzée, l'esprit tenace, un iné-branlable sang-froid, pour aller traiter, au nom d'un peuple vaincu, avec un vainqueur comme M. de Bismarck ; pour une mission comme celle-là, il ne suffisait pas d'un cœur noble, d'une éloquence incomparable ; les qualités de Jules Favre n'étaient rien en face d'un vainqueur rusé et implacable.

*
* *

Dès qu'il eut quitté le ministère, il se remit au travail, se résignant à un effacement presque volontaire de sa part, sans protester jamais contre l'injustice des hommes, qui se désintéressaient maintenant de celui qu'ils avaient tant acclamé, de celui qui leur avait fait connaître la liberté!

Il plaidait encore de temps en temps; parmi ses dernières affaires importantes, il faut citer celle des grands chefs, en 1873, à Constantine; à Toulouse, en 1877, celle de la succession Lacordaire.

Membre du Sénat, il prenait part aux travaux de cette assemblée.

Une dernière joie lui était réservée, qui allait couronner sa vie.

Le 22 décembre 1879, il présida, comme le plus ancien bâtonnier, l'ouverture de la Conférence des avocats, en l'absence de Me Nicolet, le bâtonnier de cette année-là, que la maladie tenait éloigné de ce palais que lui aussi aimait tant.

Nous assistions à cette solennité fraternelle ;
nous en conserverons toujours le souvenir. La
grande salle des criées était bondée de confrères,
jeunes et anciens ; on savait qu'on allait entendre
Jules Favre, que ce serait peut-être les dernières paroles qu'il prononcerait au milieu de
cette foule respectueuse d'amis et d'admirateurs,
et on voulait lui rendre en applaudissements
toute cette sympathie, cette affection qu'il res
sentait pour l'Ordre ; on voulait lui faire comprendre que jamais il n'avait démérité et qu'il
était toujours digne d'occuper la première place
dans le barreau français.

Quelle émotion, quel enthousiasme, quand il
entra, suivi du Conseil, qui lui faisait cortège,
heureux de l'entourer et de le revoir dans son
sein ! Tous les cœurs tressaillirent, et plus d'un
laissa couler une larme d'attendrissement.

Les applaudissements l'interrompaient à tous
moments. Aussi comme sa parole était douce-
ment émue, comme on sentait la joie qu'il avait
de se retrouver dans cette enceinte, pour cette
solennité !... Ce jour-là lui fit peut-être plus de

plaisir qu'aucun de ceux où la victoire lui avait
souri !

Ce jour-là, aussi, il avait conquis le cœur de
tous ses auditeurs, dont il possédait déjà l'admiration.

Il mourut quelques jours plus tard, le 19 jan-
vier 1880 : le destin lui avait permis de chanter son
dernier chant.

Comme le dit M. Maritain, en terminant la
belle préface qu'il a consacrée à l'existence de
Jules Favre, le jugement que la postérité portera
sur lui ne doit pas inquiéter ses parents, ses amis
et ses disciples.

Lorsqu'elle se demandera quel est, parmi les
enfants de la France, celui qui a le mieux per-
sonnifié tout à la fois le génie de la parole, le
dévouement au pays, l'amour de la justice et de
la liberté, c'est son nom qu'elle prononcera.

LIBRAIRIE PICARD-BERNHEIM & Cie

11, Rue Soufflot — Paris

OUVRAGES DE M. LAVALETTE

LES PREMIÈRES	LES SECONDES
# CONNAISSANCES	# CONNAISSANCES
## DE L'AGE D'OR	## DE L'AGE D'OR
Livre de lecture courante à l'usage des enfants de 5 à 7 ans. 50 gravures. Un volume in-18 jésus, cartonné. » **60**	Livre de lecture courante à l'usage des enfants de 7 à 10 ans. 60 gravures. Un volume in-18 jésus, cartonné. » **70**

Ces deux volumes contiennent des lectures très variées de morale pratique et de leçons de choses, des historiettes, des fables, etc. ; chaque chapitre est suivi d'*exercices* oraux ou écrits.

Les caractères employés dans ces deux volumes sont gradués et ne sont jamais fins. Dans la première partie du premier volume les mots sont coupés en syllabes, l'enfant peut donc prendre ce livre en quittant le syllabaire ; quant aux gravures, comme elles ont été faites spécialement pour l'ouvrage, elles répondent parfaitement au texte.

Pour donner une idée de la variété des lectures, nous citerons la table des matières du deuxième volume.

TABLE DES MATIÈRES DES *SECONDES CONNAISSANCES DE L'AGE D'OR :*

LIBRAIRIE PICARD-BERNHEIM & Cie

11, Rue Soufflot — Paris

OUVRAGES DE M. LAVALETTE (Suite)

LES ENFANTS MODÈLES

Cours moyen et supérieur de lecture courante. 120 gravures, lexique, morale, leçons de choses sur l'agriculture, la viticulture, le commerce, l'industrie. Un beau volume in-18 jésus, cartonné. . . . . 1 fr. 50

Nouvelle édition (°)
ENTIÈREMENT REFONDUE ET RECOMPOSÉE EN CARACTÈRES NEUFS

Il ne faut pas seulement aux enfants, pour les instruire, des *traités didactiques*, composés sur un plan raisonné, et où se trouvent développées, d'après l'ordre même des *programmes officiels*, les matières de l'enseignement. Les ouvrages de ce genre plaisent plus *à la raison mûre du maître* qu'à l'intelligence **mobile et imaginative** de l'élève.

A ce dernier, il faut aussi, à côté du *Manuel*, le **livre de lecture**; à côté de l'enseignement régulier et logique la promenade intellectuelle à travers tous les sujets et tous les aspects des choses, **la gymnastique de l'esprit**, qui met en jeu toutes les curiosités et toutes les aptitudes de l'enfant.

C'est sur ce principe qu'est fondée toute la méthode de **PESTALOZZI**, le créateur de la pédagogie moderne. C'est de ce principe que s'est inspiré l'auteur de ce livre.

Il a essayé d'y obéir en amassant, sous forme de récits variés, tout un recueil de **notions pratiques**: les sciences physiques, l'agriculture, l'industrie, les arts s'y trouvent représentés dans leurs éléments essentiels. Le tout est encadré dans une *série de scènes morales*, qui ont pour théâtre deux écoles, l'une de garçons et l'autre de filles. L'auteur a pu mettre ainsi sous les yeux des enfants de chaque sexe les devoirs qu'ils ont à remplir, les vertus qu'ils doivent pratiquer pour devenir, comme nos **enfants modèles**, des *élèves d'élite*.

Ce livre a eu **cinq** éditions en peu de temps, c'est dire la faveur avec laquelle il a été accueilli. Cependant, pour profiter des remarques qui nous ont été faites par des maîtres sérieux et expérimentés, nous n'avons pas hésité à le recomposer entièrement, dans le but de le rendre meilleur.

Dans cette nouvelle édition, des *modifications importantes* ont été apportées au texte, qui a été revu par un de nos professeurs agrégés de philosophie des plus distingués; le nombre des gravures a été augmenté et certains chapitres, qui semblaient trop longs ou trop difficiles, ont été remplacés par d'autres mieux appropriés à l'intelligence de nos jeunes lecteurs.

Le livre a été imprimé avec de grands soins.

Phylloxera ailé très grossi.

La Foudre.

DESSIN. — MÉTHODE LACABE.

COURS CONFORME AU PROGRAMME DU 29 JANVIER 1881

12 cahiers in-4 couronne, papier teinté, tracés, texte explicatif, etc

Cours élémentaire, 4 cahiers. — Cours moyen, 4 cahiers. — Cours supérieur, 4 cahiers.

Prix du cent (avec remise). . . . . **9 fr.**

Saint-Denis. — Imprimerie PICARD-BERNHEIM et Cie — C.-P.